AF611195

LES POLONAIS

A

SOMO-SIERRA

EN 1808,

EN ESPAGNE.

RÉFUTATIONS ET RECTIFICATIONS

Relatives à l'attaque de Somo-Sierra, décrite dans le IXe volume

DE

L'HISTOIRE DU CONSULAT ET DE L'EMPIRE,

PAR M. A. THIERS;

Par le colonel NIEGOLEWSKI,

Ancien lieutenant des chevau-légers polonais de la garde impériale;
chevalier, en 1808, pour Somo-Sierra, et officier de la Légion d'honneur en 1815,
Officier de la croix de Pologne, *virtuti militari;*
député aux États réunis de Prusse à Berlin.

PARIS,

IMPRIMERIE DE L. MARTINET,

RUE MIGNON, 2.

NOVEMBRE 1854.

LES POLONAIS

À

SOMO-SIERRA.

LES POLONAIS

A

SOMO-SIERRA

EN 1808,

EN ESPAGNE.

RÉFUTATIONS ET RECTIFICATIONS

Relatives à l'attaque de Somo-Sierra, décrite dans le IXe volume

DE

L'HISTOIRE DU CONSULAT ET DE L'EMPIRE,

PAR M. A. THIERS;

Par le colonel NIEGOLEWSKI,

Ancien lieutenant des chevau-légers polonais de la garde impériale;
chevalier, en 1808, pour Somo-Sierra, et officier de la Légion d'honneur en 1813,
Officier de la croix de Pologne, *virtuti militari;*
député aux États réunis de Prusse à Berlin.

PARIS,

IMPRIMERIE DE L. MARTINET,

RUE MIGNON, 2.

1854.

AU LECTEUR.

—

J'écris pour la première fois pour le public, et encore dans une autre langue que la mienne; je dois donc avant tout prier le lecteur de ne pas s'attacher à la forme mais au fond de cet écrit.

Je rends publique une correspondance sur l'engagement de Somo-Sierra, correspondance telle qu'elle a été suivie pendant deux ans; je veux en dire la raison.

M. Thiers, mû par des sentiments que je ne veux pas qualifier, n'a pas, dans son *Histoire du Consulat et de l'Empire,* rendu justice aux armes polonaises: il a même été plus loin, il a tenté de ternir l'éclat de nos grandes actions. Libre à M. Thiers de professer l'opinion qui lui convient, mais qu'il ne nous enlève pas des souvenirs précieux gagnés au prix de notre sang. Si nos espérances ont été déçues, qu'au moins les brillants faits d'armes des Polonais, au service de l'Empire dont il écrit l'histoire, passent intacts à la postérité.

Officier dans l'escadron qui s'est emparé de Somo-Sierra, comment aurais-je pu permettre que M. Thiers nous enlevât l'honneur de cette action? J'ai dû réclamer, je l'ai fait.

Les lettres que j'ai échangées avec M. Thiers prouvent que ma réclamation était juste. On m'a donné l'assurance qu'on ferait droit à ma réclamation dans une prochaine réimpression; mais pouvais-je m'en contenter? surtout M. Thiers ayant interrompu la publication de son ouvrage, la tache dont il a flétri notre escadron n'a pas encore été effacée. Je me suis donc décidé à terminer ma polémique avec M. Thiers en publiant ma correspondance avec lui. Je publie également celle que j'ai échangée en cette occasion avec le général Krasinski, ancien colonel commandant des chevau-légers polonais de la garde impériale, ainsi qu'une lettre à un de mes camarades d'armes dont je dois taire le nom, car, séparés par le crime qui a démembré la Pologne, il ne nous est même pas permis de parler du passé.

Dans mes lettres à M. Thiers, je n'ai touché qu'aux points principaux, tandis que celle à mon camarade renferme tous les détails de l'affaire de Somo-Sierra. Cette lettre, écrite en polonais, n'était pas destinée à la publicité; elle a été livrée à l'impression par les soins de mes compatriotes. Aujourd'hui, j'en publie une traduction française, langue qu'aucun Polonais n'ignorait lorsqu'il s'agissait de marcher à l'ennemi au cri de : *En avant, Vive l'Empereur!* Elle rappellera le dévouement et l'enthousiasme avec lesquels nous avons toujours combattu à côté des Français. Je m'adresse au public, car c'est un devoir que de revendiquer l'héritage de gloire qu'ont légué à leurs descendants les Polonais morts pour la France et qu'un historien français leur conteste. L'empereur Napoléon Ier, en détruisant les espérances nationales des Polonais, a commis une faute politique qui l'a cloué sur un rocher où il s'est vu dans l'impossibilité d'exécuter les plans que son vaste génie avait conçus. Il a regretté, d'après ses *Mémoires*, mais trop tard, l'abandon de la Pologne, qu'il désignait alors comme *la véritable clef de la voûte* européenne. Cependant lui, a conservé son immortelle gloire ; mais, nous, si l'on efface de l'histoire jusqu'aux vestiges de nos faits d'armes sous ses drapeaux, que nous reste-t-il? — Rien.

Si je viens après tant d'années rappeler le souvenir de l'alliance de notre aigle avec celle de

France, c'est pour qu'on n'oublie pas qu'il y eut un temps où les fils de la Pologne ont versé leur sang à côté des Français dans toutes les parties du monde; que l'aigle blanche n'a pas abandonné Napoléon même, lorsque son étoile a pâli.

Les sympathies du peuple français nous sont toujours chères; nous les avons acquises sur les champs de bataille, et si, dans une circonstance décisive pour notre malheureux pays, ces sympathies nous ont fait défaut, c'est que le dicton : « *Dieu est trop haut et la France est trop loin,* » devenu populaire en Pologne, avait été mis en pratique alors.

C'était encore une faute politique; car il n'y a pas de distance pour la grande nation : Napoléon III vient de le prouver en sauvant la Turquie du sort que la Pologne a subi.

Les pavillons de France et d'Angleterre flottent victorieux sur l'Euxin et la Baltique, et cette alliance est le commencement d'une ère nouvelle.

Si l'amour de la gloire et tous les sentiments généreux, dont la France conserve la pure tradition, eussent animé le roi Louis-Philippe, jamais personne n'eût dit ni pensé que Dieu est trop haut et la France trop loin. Les mots mémorablement néfastes : *l'ordre règne à Varsovie,* n'auraient pas été prononcés. Le rétablissement de la Pologne est une nécessité pour la civilisation, douter de ce rétablissement, c'est douter de la justice divine ; et si les paroles du général Lamarque n'eussent pas été vaines, la Pologne serait aujourd'hui une nation, et qui aurait osé commettre l'attentat contre ce prétendu moribond appelé Turquie?

Je me suis écarté un instant du but que je me proposais en publiant ces lignes ; mais, en décrivant un mémorable fait d'armes exécuté par des Polonais, je n'ai pu m'empêcher, ému par la situation actuelle de l'Europe, d'y joindre quelques mots de souvenirs et d'espérance.

Le colonel André Niegolewski.

Paris, novembre 1854.

LES POLONAIS

A

SOMO-SIERRA.

1re LETTRE.

LE COLONEL NIEGOLEWSKI

A M. LE GÉNÉRAL VINCENT Cte KRASINSKI,

A VARSOVIE.

—

Posen, le 17 février 1850.

Mon général,

C'est à l'ancien commandant des chevau-légers polonais de la garde impériale, et à ce titre mon chef pendant cinq ans, qu'il appartient de prendre la défense de l'honneur et de la bravoure, non-seulement du régiment précité, mais encore de l'honneur militaire polonais.

Dans son ouvrage, *Histoire du Consulat et de l'Empire*, vol. IX, page 365 (édition de Leipzig), M. Thiers décrit la bataille de Somo-Sierra. Voici comment il s'exprime :

« Le premier escadron essuya une décharge qui

» le mit en désordre en abattant trente ou quarante » cavaliers dans les rangs. Mais les escadrons qui » suivaient, passant par-dessus les blessés, arri» vèrent jusqu'aux pièces, sabrèrent les canonniers » et prirent les seize bouches à feu. »

Vous n'ignorez pas, mon général, que le 1er, le 2e et le 4e escadron ne prirent aucune part au combat, le 3e escadron, commandé par Kozietulski, fut de service auprès de l'Empereur et occupait la chaussée devant la gorge. C'est à cet escadron que l'Empereur fit exécuter la charge contre les batteries espagnoles qui défendaient les abords de la position par un feu de mitraille meurtrier. L'attaque de ce 3e escadron, composé de la 3e et de la 7e compagnie, fut on ne peut plus brillante : au prix de la vie de quatre officiers, et de soixante soldats ou sous-officiers, il enleva 16 bouches à feu, s'empara de la position et ouvrit ainsi la route à l'armée qui suivait. Toute la gloire de ce fait d'armes lui revient sans partage. Officier de la 3e compagnie, je proteste en mon nom et aux noms du capitaine Dziewanowski, des lieutenants Krzyzanowski, Rudowski et Rowicki, tous tombés glorieusement dans cette action que les Anglais ont surnommée les Thermopyles modernes, et je repousse, dis-je, toute tentative de jeter une ombre sur l'éclat de cette charge, et c'est dans ce but que j'invoque l'autorité de votre témoignage.

Protégé par mon étoile, je traversai la gorge dans toute sa longueur et j'atteignis, sain et sauf, la dernière batterie établie sur la crête de la montagne, lorsque mon cheval, frappé par un projectile, s'abattit sous moi ; l'ennemi, quoique délogé de sa position et fuyant de toutes parts, ne laissait pas que de se défendre, et c'est dans cette mêlée que je reçus onze blessures. Quoique accablé sous le poids de mon cheval, je ne perdis pas connaissance et fus ainsi à même de voir, du point culminant où je me trouvais, les premiers détachements qui s'élancèrent sur nos traces; ce fut d'abord un escadron des chasseurs à cheval de la garde, puis les voltigeurs français qui me tirèrent de dessous mon cheval, et, après m'avoir recouvert de manteaux, me déposèrent près des pièces enlevées ; ce ne fut que plus tard que le gros du régiment des chevau-légers commença à déboucher.

La meilleure preuve matérielle que ni le 1er, ni le 2e, ni les autres escadrons ne donnèrent dans cette charge, c'est que M. Thiers ne saurait nommer aucune perte soit en officiers, soit en soldats, hors celles essuyées par le 3e escadron des chevau-légers, anomalie d'autant plus surprenante, que la lutte fut acharnée au possible.

De tout ce qui précède, il est aisé de voir que M. Thiers a un parti pris de ne jamais rendre justice à la bravoure des Polonais. Faut-il alors s'étonner qu'il fasse à peine mention des Polonais et qu'il ne parle des escadrons survenus après coup qu'en termes généraux et bien calculés pour laisser ignorer leur prodigieuse bravoure. Il faut admettre que M. Thiers ignore le rôle important qu'a joué la cavalerie polonaise à Somo-Sierra et qu'il ne sait pas ce qu'en disent toutes les annales militaires.

J'aime à croire, mon général, que vous saurez apprécier à sa juste valeur ma susceptibilité et que vous demanderez que M. Thiers place, dans les volumes postérieurs de son ouvrage, une rectification de sa description erronée. En agissant ainsi, vous vous acquitterez du dernier et du plus sacré devoir qu'un chef puisse avoir contracté envers ses compagnons morts sur le champ d'honneur.

La ténacité que je mets à rétablir les faits dans leur vrai jour, tels qu'ils se sont passés, n'implique nullement un doute sur la bravoure des autres escadrons de votre régiment; j'ai la conviction que ces derniers en auraient fait autant; mais, puisque le hasard a voulu décerner la palme au 3e escadron, force nous est de le défendre contre les attaques des détracteurs.

Veuillez me prévenir, mon général, si vous vous décidez, en votre qualité de commandant du régiment des chevau-légers de la garde, de présenter vos observations à M. Thiers; dans le cas contraire, c'est moi qui agirai seul, et qui entrerai en lice pour défendre la cause de mes compagnons morts sur le champ de bataille.

Veuillez agréer, mon général, etc.

2me LETTRE.

RÉPONSE DU GÉNÉRAL KRASINSKI

A LA LETTRE DU COLONEL NIEGOLEWSKI.

Opinogora, 23 février 1850.

Cher camarade,

Ce n'est qu'aujourd'hui que j'ai pu lire la lettre que vous avez bien voulu m'écrire le 17 février dernier; une fièvre catarrhale m'a tenu au lit pendant plusieurs jours, et m'a tellement affaibli que je me sens à peine la force de tracer ces quelques lignes pour vous remercier de la confiance que vous ne cessez de témoigner à votre ancien chef. Les sentiments qu'a éveillés en vous la lecture du IXe volume de l'*Histoire du Consulat et de l'Empire,* sont aussi les miens; j'attribue ce récit inexact à la petitesse ou à la malveillance.

Sous peu, et aussitôt que ma tête se sera remise de ses fatigues, je m'empresserai de vous transmettre les matériaux et les éclaircissements nécessaires dont vous pourrez faire l'usage voulu, ma position actuelle devant être considérée comme obstacle à toute correspondance avec l'étranger, mais comptez toujours sur les notes qui vous seront indispensables.

Agréez, etc.

3me LETTRE.

LE COLONEL NIEGOLEWSKI

AU GÉNÉRAL KRASINSKI.

Niegolew, ce 4 avril 1850.

Mon général,

La lettre que vous m'avez fait l'honneur de m'écrire me fournit un précieux gage du culte que vous ne cessez de porter, au fond de votre cœur, aux souvenirs glorieux de votre jeunesse, ainsi qu'à l'éclat du régiment que vous commandiez dans les nombreuses batailles où le sort de notre patrie pouvait se décider.

L'honneur des armées polonaises vous fait encore tressaillir, et il vous fait repousser avec indignation des mensonges, quoiqu'ils soient affublés de la sévère autorité de l'histoire. Il n'est pas permis de douter que vous vous fussiez chargé vous-même de la rectification des faits incriminés, si la position exceptionnelle dans laquelle vous vous trouvez ne vous en eût empêché. Quelque regrettable cependant que soit l'absence de votre nom dans une polémique avec l'historien français, je préfère attaquer seul le passage erroné de M. Thiers que de souffrir que, par votre abstention, une fausseté s'établisse dans le domaine de l'histoire. Ne pouvant plus supporter la propagation d'un mensonge, j'ai écrit une lettre rectificative que vous trouverez ci-jointe.

Veuillez la confronter avec vos souvenirs, l'apostiller, et, au besoin, la corriger, mais, par-dessus tout, la munir de votre signature approbative. Je me flatte d'y avoir complétement rétabli les faits dénaturés par M. Thiers. J'ai même ajouté des détails qui, tout en mettant hors de doute ma participation à la bataille, ne manquent pas du cachet de l'authenticité historique.

Veuillez agréer, etc.

4me LETTRE.

LE GÉNÉRAL KRASINSKI

AU COLONEL NIEGOLEWSKI.

Opinogora, le 15 avril 1850.

Cher compagnon d'armes,

Je viens de recevoir votre correspondance; en la lisant je ne puis m'empêcher de m'attendrir jusqu'aux larmes, tant m'ont touché les souvenirs de notre gloire passée et de notre ancienne amitié.

Votre lettre à M. Thiers est très bien rédigée; toutefois, il y manque quelques détails. Prendre 16 canons n'est pas chose extraordinaire, cela nous est arrivé bien souvent; mais les prendre étagés aux quatre coudes du chemin creux gravissant la montagne et sous le feu de l'infanterie couronnant les hauteurs, c'est là un fait inouï. Il ne faut pas non plus laisser ignorer que d'autres escadrons de chevau-légers avaient devancé les chasseurs de la garde; que l'Empereur, après cette victoire prodigieuse, fit mettre le régiment en bataille, le sabre en main, fit sonner un demi-ban, et, soulevant son chapeau, proclama notre régiment le plus brave de tous. Le lendemain, notre régiment en marche sur Madrid, passant près du corps du maréchal Victor, se vit encore offrir une ovation non moins flatteuse: le commandant fit présenter les armes et pousser trois fois le cri de : *Honneur aux braves!* On ne peut dire que le premier escadron fut ramené, attendu que l'honneur militaire ne connaît pas d'escadron et s'attache exclusivement au régiment.

Sous peu je me rendrai à Varsovie où je tâcherai de recueillir des notices que je m'empresserai de vous envoyer : en attendant, procurez-vous des journaux de Varsovie et de Posen du mois de décembre 1808 : vous y trouverez la description de la bataille de Somo-Sierra, telle qu'elle fut rédigée sous mes yeux.

Agréez, etc.

5me LETTRE.

LE COLONEL NIEGOLEWSKI

A M. A. THIERS,

AUTEUR DE L'HISTOIRE DU CONSULAT ET DE L'EMPIRE.

—

Niegolew, près de Buk (grand-duché de Posen), 14 mai 1850.

Monsieur,

Dans votre *Histoire du Consulat et de l'Empire,* tome IX, page 365, épisode de la bataille d'Espagne, campagne de Somo-Sierra, je lis ces lignes :

« Le premier escadron essuya une décharge qui » le mit en désordre en abattant 30 ou 40 cavaliers » dans ses rangs, mais les escadrons qui suivaient, » passant par-dessus les blessés, arrivèrent jus- » qu'aux pièces, sabrèrent les canonniers et prirent » les 16 bouches à feu. »

En ma qualité d'ancien officier des chevau-légers polonais de la garde, 3e compagnie, 3e escadron, atteint de onze blessures dans cette rencontre à la suite de laquelle j'ai été décoré, au nom de mes compatriotes tombés avec gloire dans cette charge mémorable que les Anglais ont surnommée les *modernes Thermopyles,* dans l'intérêt du brave 3e escadron, dont la mémoire m'est chère et le renom précieux, permettez-moi de redresser un fait qui acquiert une grande importance par l'autorité de votre nom, et que le soin de notre gloire militaire (si c'est le seul héritage qu'il nous soit donné de léguer à nos fils), nous fait un devoir de soumettre aux investigations les plus minutieuses qui aient jamais été commandées à un historien consciencieux en face de la postérité.

D'abord et pour procéder avec ordre, ce n'est pas le 1er *escadron,* mais le 3e par son numéro, des chevau-légers polonais de la garde, qui, sous les ordres de son chef d'escadron Kozietulski, étant de service près de l'Empereur, se trouvait précisément sur la chaussée devant le défilé; il fut lancé contre les batteries espagnoles qui de leur position étagée nous couvraient littéralement de mitraille. Cet escadron, formé de la 3e et 7e compagnie, s'acquitta glorieusement de sa mission, ayant laissé cinq officiers, plusieurs sous-officiers et une quarantaine de soldats sur place; il s'empara des 16 canons sans coup férir, se rendit maître de la position et ouvrit la route au corps d'armée. Tout l'honneur de ce brillant fait d'armes lui revient sans partage.

Ensuite, et quant à avoir été mis *en désordre,* comme vous le prétendez, il est évident, pour quiconque a la connaissance des lieux, que la charge n'a pu être exécutée avec ordre, le rétrécissement de la gorge en cet endroit s'opposant au développement de l'escadron suivant les règles de la stratégie. S'il y a eu désordre, la cause en était dans la nature du terrain que nous ne pûmes aborder que par quatre et non dans l'effet du feu de l'ennemi, que l'impétuosité du coup de main ne donnait guère le temps d'apprécier; la moindre hésitation eût permis aux canonniers de recharger leurs pièces, nous étions perdus et le coup manqué, et qui sait ce qu'il en serait résulté : tout au moins, nos annales militaires n'auraient pas à conserver le souvenir précieux de l'hommage que rendit à nos soldats l'Empereur, qui, survenu au lieu du combat, fit mettre le régiment en bataille et le sabre en main, puis, ayant fait sonner un demi-ban, s'avança devant son front, souleva son chapeau et s'écria : *Honneur aux braves!*

Cette scène fut reproduite le lendemain sur la route de Madrid par le corps d'armée du duc de Bellune, qui nous reçut à notre passage avec les honneurs militaires et au cri trois fois répété: *Honneur aux braves!* Ce témoignage rendu à la bravoure des chevau-légers polonais de la garde par l'Empereur, qui n'était pas prodigue de telles marques d'honneur, en proportion surtout des innombrables marques de dévouement qu'il recevait et de la prodigalité avec laquelle on lui livrait son sang; ce témoignage, dis-je, est de quelque poids pour l'histoire qui doit en tenir compte : un escadron qui aurait été mis en désordre n'aurait guère été digne, après tout, de ces marques d'admiration.

S'il vous survenait des doutes sur ma compétence en des matières *Quorum pars parva fui,* vous me l'accordez, n'est-il pas vrai? je vous dirai que, pour ma part, emporté par l'ardeur du combat et l'élan irrésistible et communicatif dont nous étions possédés, je me trouvai presque seul des nôtres au plus épais des Espagnols débandés. C'est alors que j'eus mon cheval tué sous moi, et qu'ainsi renversé et engagé sous lui, je fus frappé par les fuyards de deux coups de feu et de neuf coups de baïonnettes qui me clouèrent sur le revers du ravin, sans pourtant m'ôter ma présence d'esprit, et trop intéressé à l'événement du combat pour ne pas en suivre les rapides péripéties avec l'attention la plus vigilante. Je me rappelle parfaitement ceux qui, après la prise des canons par le 3e escadron, sont venus déboucher sur la position. J'attendais d'eux mon salut, l'ennemi, s'il fut revenu sur ses pas, devant infailliblement m'achever ou me prendre. Les premiers que j'aperçus furent les escadrons de notre régiment de chevau-légers qui, ayant passé la nuit en arrière du quartier général, se trouvaient en retard de quelques minutes sur leur 3e escadron. Des sept officiers de l'escadron aucun ne revint sain et sauf de cette charge : le chef d'escadron Kozietulski eut son cheval tué sous lui, le capitaine en premier Dziewanowski eut la cuisse et le bras fracassés, et mourut à Madrid à mes côtés, le 4 décembre; le capitaine en second, Pierre Krasinski, contusionné, les lieutenants Krzyzanowski, Rudowski et Rowicki, tués sur place, et j'en revins avec onze blessures. Je vous mettrais volontiers au défi, si la forme en était plus civile, de reproduire un seul nom d'officier ou de soldat ayant péri ou étant blessé dans cette rencontre et appartenant à un autre corps qu'au régiment des chevau-légers polonais, commandé par Vincent Corwin comte Krasinski et représenté par son 3e escadron.

Je m'arrête : si je suis entré minutieusement dans quelques détails, c'est que je voulais y porter la lumière. Je crois avoir suffisamment prouvé :

1° Que c'est le 3e escadron par son numéro et non le 1er qui essuya, etc.

2° Qu'il ne fut pas mis en déroute ni en désordre, expression atténuatoire, mais équivalente quoique plus polie.

3° Que ce ne sont pas, comme vous le rapportez, les escadrons qui suivaient qui, passant par-dessus les blessés, arrivèrent jusqu'aux pièces, sabrèrent les canonniers et prirent les 16 bouches à feu, mais bien le 3e escadron des chevau-légers polonais de la garde qui, après avoir sabré et mis en fuite les canonniers espagnols, prit les 16 bouches à feu.

Je n'entrerai avec vous, Monsieur, dans aucune polémique sur votre manière d'écrire l'histoire ; elle est admirable et vous en êtes le juge le mieux qualifié. Je considère, en m'adressant à vous, autre chose encore que l'immense intérêt de notre gloire militaire (sans fatuité, notre réputation est faite) : je fais appel à celui, non moins important, de votre gloire d'historien ; c'est une auréole qui ne doit pas être ternie par aucun semblant de partialité. Vous appartenez au siècle, Monsieur ; si les grands historiens sont de tous les temps, ils sont de toutes les nations. Je ne préjugerai pas de votre intention ; vous n'avez pu vouloir ajouter encore quelque parcelle de gloire à celle dont votre nation est toute resplendissante dans votre grande épopée du Consulat et de l'Empire.

J'espère que vous voudrez bien faire droit à ma réclamation dans votre prochain volume, ou par telle voie qu'il vous plaira.

J'ai l'honneur, etc.

6me LETTRE.

LE COLONEL NIEGOLEWSKI

AU GÉNÉRAL KRASINSKI.

Niegolew, le 18 mai 1850.

Mon général,

Les journaux de Varsovie et de Posen, auxquels vous m'avez renvoyé pour de plus amples renseignements, ne contiennent point de détails dont je puisse profiter. Quoi qu'il en soit, il me tarde d'en finir avec l'historien inexact de l'affaire de Somo Sierra. Je me rappelle le dicton « *le mieux est le plus grand ennemi du bien.* » Qui sait? Je suis peut-être le seul qui vive encore de tous mes camarades que le fer a épargnés dans cette journée, et j'entre à l'heure qu'il est dans ma soixante-cinquième année. C'est donc à moi, vivant débris de l'épisode de Somo-Sierra, c'est à moi qu'incombe le devoir de demander justice pour mes frères d'armes, et de dire tout haut que c'est bien nous qui avons enlevé les batteries et que c'est bien nous dont parlent les annales militaires, lorsqu'elles citent la prise des gorges de Somo-Sierra en première ligne à l'appui de la thèse : qu'aucun obstacle ne saurait résister à la terrible impétuosité d'une bonne cavalerie.

Ce qui manque à M. Thiers, c'est le sentiment de la justice : défaut bien déplorable dans un historien et malheureusement trop commun aux auteurs de nos jours : ils ne laissent aucune renommée debout à côté de leur idole. Et cependant, pourquoi M. Thiers, qui, malgré cette partialité, a donné du relief à tout ce qui touche l'honneur de sa nation, et tout en décrivant minutieusement les incidents soit stratégiques, soit politiques, qui se sont produits dans les grands mouvements des armées impériales, pourquoi, dis-je, M. Thiers, malgré cette exactitude de peintre, ne parle-t-il de Somo-Sierra qu'en termes généraux? Aurait-il été si sobre de détails s'il se fût agi de cavalerie française? Quelle petitesse et en même temps quel nouvel argument pour l'honneur de nos armes!

M. Thiers doit avoir reçu ma lettre *chargée* du 14 courant; j'ai fait quelques changements en me conformant à vos notes touchant les détails postérieurs à la bataille, qu'un séjour prolongé dans les hôpitaux devait m'empêcher de faire connaître.

Si M. Thiers ne fait pas droit à mes réclamations, je ferai imprimer la lettre, à lui adressée, dans les principaux journaux français, allemands et anglais. Désirant me mettre à l'abri de toute contestation de la part de M. Thiers, je vous prie, M. le général, de vouloir bien, en votre qualité d'ancien colonel des chevau-légers, certifier les faits consignés dans ladite lettre dont je joins la copie. Empruntant ainsi une autorité toute spéciale du commandant du régiment, ma réclamation aura plus d'autorité.

Agréez, mon général, etc.

7me LETTRE.

LE COLONEL NIEGOLEWSKI

AU GÉNÉRAL KRASINSKI.

—

Niegolew, ce 25 avril 1851.

Mon général,

Vous ne m'avez pas jusqu'à présent honoré d'une réponse à ma lettre du 18 mai 1850, vous envoyant une copie de celle que j'avais adressée à M. Thiers, à laquelle j'avais fait quelques changements d'après les observations que vous avez bien voulu me communiquer. M. Thiers n'a pas répondu à ma lettre, il n'a pas rectifié dans son dixième volume, comme je le lui avais demandé, la description de la charge de Somo-Sierra, il n'a même pas fait mention de ma réclamation. C'est pourquoi je lui en ai écrit une seconde dont j'ai l'honneur de vous envoyer, mon général, une copie. Je veux prouver à M. Thiers que si Dieu m'a permis de prendre quelque part à la gloire militaire des Polonais dans ma jeunesse, je saurais, dans mon âge avancé, la défendre avec la même ardeur contre toute calomnie. Cependant je vous prie, mon général, de confirmer par votre signature, comme colonel commandant le régiment des chevau-légers polonais de la garde impériale à Somo-Sierra, la description de la charge que j'ai faite.

Si ce n'était vos relations actuelles qui, comme vous avez bien voulu le dire vous-même, ne vous permettent pas d'entrer en correspondance avec des pays étrangers, votre affirmation à ma lettre serait inutile, car vous prendriez vous-même la défense du régiment que vous commandiez, et dont l'étendard ne s'est jamais écarté du chemin de l'honneur. Le silence de M. Thiers confirme la supposition exprimée, dans votre lettre du 23 février, qu'il faut attribuer la description inexacte de la bataille de Somo-Sierra, par M. Thiers, à sa petitesse ou à sa malveillance; mais enfin pour que cette malveillance, cette petitesse de l'historien ne continue à se prévaloir et faire tort à la gloire militaire des Polonais, je ne cesserai ma polémique que lorsque j'aurai prouvé à la postérité que mes camarades ont succombé non comme *fuyards mis en désordre*, EXPRESSION DE M. THIERS, mais bien que dans ces Thermopyles d'Espagne ils sont morts, de la mort des braves, salués par une grêle de fer et de plomb, qui les abattit sans pouvoir les forcer à la retraite.

Veuillez agréer, mon général, etc.

8me LETTRE.

LE COLONEL NIEGOLEWSKI

A M. THIERS, A PARIS.

Niegolew, près de Buk (gr.-duché de Posen), ce 26 sept. 1851.

Monsieur,

J'ai eu l'honneur de vous adresser, relativement à un passage de votre neuvième volume sur le *Consulat et l'Empire,* des réclamations suffisamment fondées. Ma lettre, dont je joins ici une copie, est en date du 14 mai 1850, elle est restée sans réponse; cependant, un M. Théophile m'en a accusé réception. J'ai votre dixième volume sous les yeux et je n'y trouve aucun renvoi explicatif du fait contesté; cependant, en le lisant, je rencontre à la page 305, livre XXXV, une note qui va me servir de pièce de conviction contre vous; c'est un aveu que vous faites de l'importance des circonstances de détail. Vous y dites :

« *L'important est de conserver le caractère des grands événements, et c'est à quoi l'on arrive en s'efforçant de se tenir pour les nombres, les distances, les durées, les circonstances de détail, le plus près possible de la vérité.* »

Il résulte de là que, si vous n'acceptez pas ma version authentique, vous dénaturez le caractère du grand événement de Somo-Sierra, car ce sont ces circonstances de détail sur lesquelles il ne vous a pas été possible de vous éclairer complétement et que je vous fournis, qui forment le caractère de cet événement. Je nomme les officiers présents à l'action, je dis qu'il n'y a eu qu'un escadron qui y a pris part, voilà pour les nombres. J'explique suffisamment la position pour qu'on puisse juger des distances; et pour la durée, c'est celle très appréciable d'une charge de cavalerie faite au grand galop dans une gorge défendue par 16 pièces de canons, placées sur quatre étages qu'il fallait enlever l'un après l'autre, sous la mitraille; plus loin, vous ajoutez :

« *J'ai la conscience de n'avoir rien négligé à cet égard, et je crois avoir réuni plus de documents, plus travaillé sur ces documents qu'on ne l'avait fait avant moi. Je ne suis jamais en repos, je l'affirme, quand il reste quelque part un document que je n'ai pas possédé, et je ne me tiens pour satisfait que lorsque j'ai pu le consulter.* »

Vous pouvez, en effet, avoir réuni beaucoup de documents, et avoir travaillé sur les pièces plus que qui que ce soit; je n'en doute pas. Mais votre conscience, si l'on vous en croit, ne doit pas être satisfaite, car il en reste d'autres et d'une valeur bien supérieure. Les bulletins dits officiels sont contestables, tandis que le témoignage des contemporains, c'est la source pure de toute histoire. Consultez donc les documents qu'on vous apporte si vous voulez pouvoir affirmer que vous avez tout mis en œuvre pour vous renseigner exactement. Je ne veux pas préjuger des motifs de votre silence, je l'attribue aux soins et aux travaux nombreux dont vous êtes empêché momentanément.

Je reviens à la charge : j'y mets de la ténacité, comme vous voyez : c'est que le temps presse, que l'intérêt est considérable, et peut-être aussi, est-ce parce que j'appartiens à une génération qui ne connaissait guère les découragements.

Enfin, Monsieur, quand la patrie est absente, le culte des souvenirs est d'autant plus nécessaire à l'âme, et quoique les droits de la vérité soient imprescriptibles, la tradition s'affaiblit à mesure que les acteurs du grand drame de l'empire disparaissent.

Je suis aujourd'hui le seul officier, vivant débris de l'épisode de Somo-Sierra, et c'est à moi qu'incombe la responsabilité de témoin véridique à décharge dans le procès que vous faites à notre gloire nationale, car vous ne pouvez pas refaire l'histoire. Somo-Sierra nous appartient ; Dziewanowski, Krzyzanowski, Rowicki, Rudowski l'ont scellé de leur sang. Rectifiez l'erreur pendant qu'il en est encore temps, et puissent vos écrits rester pour rappeler éternellement la gloire d'une époque à laquelle il n'aura pas manqué non plus un historien sincère.

J'espère que cette fois vous voudrez bien m'honorez d'une réponse: c'est un intérêt qui me tient au cœur, et dont je chercherai la satisfaction jusqu'à ce que je l'aie trouvée.

Veuillez agréez l'assurance de ma considération avec laquelle j'ai l'honneur d'être, Monsieur,

Votre serviteur,

Le colonel Niegolewski,

Officier de la Légion d'honneur, ancien officier des chevau-légers polonais de la garde impériale, chevalier de l'ordre militaire de Pologne, député aux États réunis de Prusse à Berlin.

9me LETTRE.

LETTRE DE M. THIERS

AU COLONEL NIEGOLEWSKI.

Paris, le 10 octobre 1851.

M. Thiers est aux regrets d'avoir laissé sans réponse la première lettre que M. le colonel Niegolewski lui a fait l'honneur de lui écrire. Il avait pris note de la réclamation et fait de nouvelles recherches qui l'ont entièrement confirmé. Aussi, en se proposant d'y faire droit, aurait-il désiré en donner connaissance à M. Niegolewski, mais malheureusement sa lettre s'était trouvée égarée et restée par suite sans réponse, faute d'adresse.

M. Thiers remercie le colonel de la double peine qu'il a bien voulu prendre et qui portera ses fruits. Dans une prochaine réimpression du tome IX, l'affaire de Somo-Sierra sera racontée conformément au récit communiqué par l'ancien officier des chevau-légers polonais de la garde impériale.

Du reste, même dans le texte actuel, il ne faut pas prendre les mots : le 1er escadron, comme signifiant l'escadron qui portait le n° 1, mais comme l'escadron qui s'est élancé le premier et qui pouvait fort bien porter le n° 3.

Dès que la réimpression du tome IX sera terminée, M. Thiers s'empressera d'adresser une feuille rectifiée à M. le colonel Niegolewski, qu'il prie d'agréer l'assurance de sa haute considération.

10me LETTRE.

LE GÉNÉRAL KRASINSKI

AU COLONEL NIEGOLEWSKI.

Varsovie, 19 octobre 1851.

Mon cher et vieux camarade,

Arrivé à Varsovie de la campagne, j'ai eu le plaisir de trouver votre lettre, et quoique je ne croie pas nécessaire de répondre à toutes les calomnies et à la mauvaise foi que dicte l'esprit de parti qui dénature l'apostolat si noble des écrivains d'histoire, je réponds à votre demande.

L'œuvre de M. Thiers depuis le 4e tome n'était qu'un ouvrage de spéculation, d'argent, et la prétention de M. Thiers à être le meilleur général n'est que ridicule, et tant dans la campagne d'Espagne que dans celle de 1809 en Allemagne, fourmille d'inexactitudes.

Ce qui est de la bataille de Somo-Sierra, l'ordre du jour de l'Empereur nous venge de l'injuste oubli de M. Thiers, et vous qui avez toujours été d'un courage même quelquefois téméraire, grâce à vos onze blessures vous ne pouviez pas être présent quand le lendemain de la bataille l'Empereur m'a ordonné de former le régiment, de faire sonner un demi-ban et en soulevant son chapeau, il dit : *Soldats, sous-officiers et officiers, vous êtes dignes de la vieille garde et je vous regarde comme les plus braves des braves!*

Pour ce qui est de la bataille de Wagram, M. Thiers ose dire que le brave général Valter a refusé au général Macdonald, maréchal après la bataille, le secours de la cavalerie de la garde; il oublie que le maréchal Bessières fut blessé en parcourant le front avant midi et emporté du champ de bataille, et que c'est seulement avant quatre heures que le régiment de chevau-légers et le régiment de chasseurs à cheval, de glorieuse mémoire, sous mes ordres, ont été amenés par le général Macdonald; qu'une redoute de 45 pièces fut emportée et quatre régiments de cavalerie culbutés après mainte charge, dont un de houlans de Schwarzenberg, presque anéanti, et 16 officiers dont un prince Avensberg, après une lutte, fut pris par moi-même, tous les officiers blessés, ce qui est inouï dans l'histoire de la cavalerie et qui prouve le courage et une lutte acharnée, et que la poursuite a été à la nuit sombre.

M. Thiers, qui a changé tant de fois de parti, qui a sacrifié à son ambition et à sa gloriole sa propre patrie, ne peut, peut-être, nous pardonner notre fidélité dans le malheur à l'Empereur.

Croyez un vieil ami, ne répondez pas, car les réponses en détail ne conviennent pas quand il s'agit d'une grande œuvre, comme celle d'un siècle si gigantesque. On ne jette pas une goutte d'eau dans la mer.

M. Thiers avec ses principes plus que jacobiniques (à preuve son histoire de la révolution) doit être injuste pour ceux qui ont servi le restaurateur de la France. C'est un grave et grand historien, mais la postérité parlera de son talent dont il use pour le malheur de sa patrie, et n'estimera pas l'homme et reprochera dans ses écrits toutes les fautes dont il s'est rendu coupable.

Pardonnez à un vieux camarade de vous parler sincèrement à cause de l'estime et de l'attachement qu'il vous porte.

Agréez, etc.

11me LETTRE.

LE COLONEL NIEGOLEWSKI

A M. THIERS.

—

Niegolew, le 29 octobre 1851.

Monsieur,

Votre silence après ma première lettre datée du 14 mai 1850, m'a déterminé à vous en adresser une seconde le 26 septembre dernier. Votre réponse m'est parvenue : elle porte la date du 10 octobre. Dans l'intervalle j'ai reçu du général Krasinski une lettre que j'avais réclamée de lui dans le cas où mon seul témoignage vous aurait paru insuffisant. Je vous l'envoie.

Sans révoquer en doute l'authenticité de votre billet, je l'ai tourné, retourné, lu, relu et regardé attentivement avant d'être convaincu qu'il émanât de vous et sur un intérêt qui m'est cher au delà de toute expression, mais, enfin, puisqu'il paraît que c'est là votre manière de correspondre, qu'il est incontestable que la réponse m'est adressée par l'intermédiaire de qui de droit, je passe outre sur la formalité de la signature, et avant de clore ma correspondance avec vous, je vous adresse encore quelques observations.

A en juger par le passage de votre lettre ainsi conçu : « Du reste, même dans le texte actuel, il » ne faut pas prendre les mots le *premier* escadron, » comme signifiant l'escadron qui portait le n° 1, » mais comme l'escadron qui s'est élancé le premier » et qui pouvait fort bien porter le n° 3. »

Vous paraissez croire que l'objet principal de ma réclamation est d'établir, que ce n'est point l'escadron n° 1, qui a fourni la charge, mais bien celui portant le n° 3. Ce n'est point là ce qui m'importe particulièrement, je n'établis point de litige sur la question du numéro de l'escadron de chevau-légers polonais : *je demande avant tout que la gloire conquise à la bataille de Somo-Sierra par les armes polonaises ne lui soit point déniée dans l'histoire.*

Si j'ai indiqué le numéro de l'escadron, je l'ai fait : 1° pour vous prouver ma parfaite connaissance de l'événement ; 2° pour présenter sous son vrai jour l'exploit de cet *unique escadron* accompli par *lui seul*, et non pas, comme vous le rapportez, par de nombreux escadrons ; 3° et surtout pour effacer la tache que vous imprimez à l'honneur de cet escadron quand vous dites :

« Le premier escadron fut mis en désordre, etc. ; » inculpation qui porte en plein sur le 3e qui entreprit et consomma *seul* la charge. Puisque donc un seul et unique escadron de chevau-légers polonais, escadron qui, pour *la première fois* se trouvait au feu sous les yeux de l'Empereur, exécuta cette charge, la gloire qu'il acquit en cette occasion, et dont l'éclat rejaillit sur les armes polonaises, lui appartient *sans partage*. Ceci n'apparaît guère dans la description que vous faites de cette charge, lorsqu'attribuant la prise du défilé au concours de *nombreux escadrons* vous diminuez d'autant les mérites du troisième, et le lecteur cherche en vain dans tout le cours de la narration le moindre hommage rendu à nos armes. Car certes, personne n'ira chercher la juste rémunération des services apportés, le prix du sang versé, dans le passage où vous dites : « *Les chevau-légers polonais, jeune troupe d'élite que Napoléon avait formée à Varsovie pour qu'il y eût de toutes les nations et de tous les cos-*

tumes dans sa garde. » Et pourtant, si jamais les Polonais ont fourni à un grand historien l'occasion de mettre en lumière leurs nobles aptitudes, leur inaltérable amour de cette patrie pour la conquête de laquelle ils auraient suivi Napoléon au bout du monde, c'est bien dans cette circonstance, et vous n'avez rien trouvé de mieux pour remplir cette page, que d'expliquer la présence de cette jeune troupe d'élite par le goût de Napoléon d'avoir de tous les costumes dans sa garde. Ah ! Monsieur, est-ce donc là le prix de tant d'efforts ! Mais, c'est une cruelle ironie, presque un outrage au sentiment national !.. Ainsi donc, nous n'avons brillé sur les champs de bataille de l'Empire, que par nos costumes. Mais si l'Empereur n'avait voulu que nous voir parader dans nos costumes, pourquoi acceptait-il le titre de restaurateur de la Pologne? A toutes mes observations j'ajouterai encore que, dans tout le cours de votre narration, pas un seul nom polonais n'a trouvé place, tandis qu'à côté du général Montbrun vous faites figurer M. de Ségur, le seul Français qui, en sa qualité de volontaire, combattit dans nos rangs : il en résulte que tout lecteur mal informé en recevra cette impulsion que le défilé fut enlevé par des Français.

Le général Montbrun, d'illustre mémoire, commandait toute l'avant-garde, c'est vrai : mais le bulletin français commet une erreur en prétendant que ce général s'est trouvé à la tête de l'escadron qui enleva le défilé : l'escadron était mené à la charge par son chef Kozietulski, comme je le rapporte en décrivant ce fait d'armes.

Si jamais épisode de ces terribles guerres a mérité d'être décrit consciencieusement et minutieusement, c'est bien celui *de la prise du défilé de Somo-Sierra,* dont vous avez tellement senti l'importance que vous avez orné de son nom le frontispice du XXXIIIe livre, qualifiant dans le cours du récit cette action de *brillant combat* et reconnaissant plus loin que : *L'obstacle pouvait être considéré comme l'un des plus sérieux qu'on pût rencontrer à la guerre :* comment du reste n'auriez-vous pas considéré la prise du défilé comme un prodige, quand ce fait mémorable est proposé en exemple dans les écoles militaires à l'étranger, et sert à affirmer qu'il n'y a point d'obstacle que ne puisse renverser une bonne cavalerie dans les conditions des chevau-légers polonais à Somo-Sierra?

Loin de moi la pensée d'attribuer l'inexactitude de votre récit à tout autre motif qu'au manque de renseignements précis et circonstanciés. Je demeure dès à présent convaincu que vous avez la volonté de profiter de mes observations, que vous allez faire droit à ma réclamation, d'autant plus que vos nouvelles recherches l'ont *entièrement confirmée;* qu'enfin vous ne voudrez pas être plus parcimonieux d'hommages aux armes polonaises que ne l'a été Napoléon lui-même, quand, après l'action, soulevant son chapeau devant le front du régiment, il salua respectueusement notre étendard en lambeaux, alors que nos compagnons d'armes de France arrivant sur le terrain, et ne pouvant contenir l'expression enthousiaste et sincère de leur admiration, s'écrièrent spontanément : *Honneur aux braves!*

A présent qu'il est constant que vous voulez procéder à la rectification des faits avec cette impartialité que vous prenez pour base de vos écrits, il ne me reste plus qu'à vous offrir mon concours dans le cas qui s'offre.

Vous voulez rétablir suivant ma version l'épisode de Somo-Sierra : *Dès que la réimpression du tome IXe sera terminée;* mais qui peut dire l'époque? Cela peut durer longtemps, vous n'en fixez pas le terme. Combien de lecteurs ne verront jamais cette réimpression pour posséder les exemplaires du premier tirage, et pourtant les lecteurs de tous les pays, de toutes les langues ont droit aussi à la vérité.

Si vous admettez ces considérations, mais que vous ne puissiez pour d'autres, ignorées de moi, reproduire l'épisode entier rectifié dans le plus prochain volume, veuillez y introduire tout au moins une note sur la charge de Somo-Sierra amendée, renvoyant le lecteur à la nouvelle relation de la réimpression du tome IX. On vieillit vite sous le poids de ces grands souvenirs et il me semble que je ne mourrai pas en paix avant d'avoir vu rendre à mes anciens compagnons d'armes morts au champ d'honneur la justice qui leur est due. Si les espérances pour lesquelles nous avons combattu avec un dévouement sans bornes ont été déçues, qu'au moins la main de l'historien qui a tressé tant d'immortelles couronnes aux mânes des héros de cette grande époque, ne nous enlève pas le laurier que nous avons conquis au prix de notre sang versé sur tous les champs de bataille de l'Empire et du nouveau monde.

Agréez, etc.

12me LETTRE.

LE GÉNÉRAL KRASINSKI

AU COLONEL NIEGOLEWSKI.

Varsovie, 12 juin 1852.

Cher et ancien camarade d'armes,

Vous avez complétement triomphé de M. Thiers; mais avant qu'il accomplisse la promesse de rectifier ses erreurs, je crois que rien ne sera terminé matériellement. M. Thiers est comme ce pécheur qui se confesse, qui se frappe la poitrine, mais qui ne se corrige pas. Quoi qu'il en soit, je vous félicite de cette victoire d'autant plus éclatante que vos nobles sentiments n'ont point reculé devant cette lutte aussi courageuse que persévérante.

Veuillez agréer encore une fois mes félicitations, ainsi que l'assurance du sincère attachement et inaltérable amitié, de votre tout dévoué.

13me LETTRE.

AU GÉNÉRAL Z***

SUR L'AFFAIRE

DE SOMO-SIERRA.

Niegolew, ce 1er octobre 1852.

I.

Mon cher général,

J'ai ressenti la joie la plus vive en recevant, par l'entremise de Mme B***, la relation extraite de vos *Mémoires* relative à la bataille de Somo-Sierra et que vous m'envoyez pour la réviser et pour la compléter.

Que pouvons-nous avoir de plus précieux que le souvenir de nos jeunes années données à la patrie? Si nos jours ont été conservés, c'est à la providence divine et non à nous que nous le devons. Aussi il nous reste un devoir sacré et national à remplir, celui de transmettre intacts à la postérité la mémoire et les hauts faits de nos compagnons d'armes morts de la mort des braves, et de montrer aux générations futures que si nous n'avons pas réussi à briser les chaînes de notre patrie, au moins nous sommes-nous acquittés avec dévouement de nos obligations envers elle.

Aussi, n'ai-je pu souffrir que M. Thiers nous enlevât la gloire de Somo-Sierra, qu'il nous arrachât ce laurier conquis au prix de notre sang, qu'il allât jeter une ombre sur l'éclat de nos armes.

J'ai réclamé à cet effet.

J'ai obtenu de lui l'aveu de l'inexactitude de sa narration; c'est à mon âge une victoire qui m'est aussi chère que celle remportée sur la Sierra.

Si M. Thiers n'avait pas reconnu la justice de mes réclamations, je serais allé à Paris pour les appuyer personnellement. J'espère cependant qu'il satisfera complétement à ma demande en mettant une note rectificative dans son prochain volume.

Je vous envoie ma correspondance avec M. Thiers et avec le général Krasinski. J'aurais désiré que ce dernier, en sa qualité de colonel du régiment des chevau-légers de la garde, prît l'initiative des réclamations adressées à M. Thiers; mais il m'a écrit que sa position actuelle l'en empêchait.

Voulant satisfaire à votre demande, mon cher général, je vous envoie, non-seulement cette correspondance, qui ne suffirait pas à l'achèvement de vos *Mémoires,* ni à la rectification de quelques erreurs qui ont pu s'y glisser, mais encore l'historique de l'escadron qui a fourni la charge, et la description circonstanciée de la charge elle-même. Je n'ai pas voulu entrer dans ces détails avec M. Thiers : ils n'avaient aucun intérêt pour l'écrivain qui a le parti pris de nous dépouiller de notre gloire; à preuve, le silence qu'il garde dans ses écrits à propos des troupes polonaises dans les récits des batailles de la Trébia, de Novi, de Hohenlinden, d'Ocaña, de Somo-Sierra, etc. Mais vous, vous apprécierez ces détails, non-seulement comme Polonais, mais encore comme historien; puisque vous dites avec raison que le récit exact du fait d'armes de Somo-Sierra est encore à faire.

Où trouver la vérité puisque si peu de braves de cet escadron ont survécu à leur gloire! Et de ce peu, combien en reste-t-il encore : des officiers qui ont pris part à cette charge, je crois être le seul encore en vie. Je rends grâce à Dieu qui, en me sauvant de la mort, semble m'avoir réservé pour confondre par le récit d'un acteur du drame, les fausses allégations d'un historien qui voudrait dérober à mes frères le prix de leur sang.

Je me lèverai donc pour vous, ô mes camarades morts! Je demanderai à la France justice pour votre mémoire; je veillerai sur vos tombes, et je ne permettrai pas à des voix menteuses de troubler votre glorieux sommeil. Je raconterai votre vaillance, votre victoire et votre trépas dans cette journée du 30 novembre 1808. Journée immortelle et terrible que je vois toujours comme si c'était hier, jour de la fête de mon patron Saint-André, où, pour la première fois de ma vie, j'eus le bonheur de voir couler mon sang pour la cause que je croyais être celle de ma patrie.

II.

La veille du combat, le 29 novembre 1808, le 3e escadron des chevau-légers polonais de service auprès de l'Empereur, l'escorta jusqu'à Bocequillas, où les chasseurs et les grenadiers nous remplacèrent auprès de Sa Majesté, tandis que nous allions nous établir entre ce village et la Somo-Sierra, qui était occupée par un corps d'armée espagnol fort de 13,000 hommes, sous les ordres du général San-Juan-Benito, et non d'Arazoga comme vous le dites dans vos *Mémoires*. Un poste d'infanterie faisait, au pied de la montagne, la pointe de notre avant-garde. Le 1er, le 2e, le 4e escadron de notre régiment étaient demeurés pour passer la nuit avec le reste de la garde à cheval au delà de Bocequillas.

Le soir de ce même jour, je fus envoyé avec mon peloton en reconnaissance sur les derrières du quartier général. En revenant, je rencontrai le lieutenant Kruszewski, de la 8e compagnie, le même qui, sous les murs de Dresde, en 1813, ayant eu la jambe emportée par un boulet, mourut entre mes bras. Je troquai avec lui un cheval alezan de belle apparence contre un kosak bai-clair, bien membré; j'ajoutai même l'appoint de quelques napoléons, comme si j'eusse pressenti qu'une monture vigoureuse m'allait être plus nécessaire qu'un cheval de parade.

Le 30 novembre 1808, de grand matin, tous les officiers n'étaient pas encore levés quand nous aperçûmes l'Empereur qui arrivait à cheval. Le lieutenant Krzyzanowski dormait profondément, et c'est à peine si je pus le réveiller : il semblait prévoir que c'était son dernier sommeil avant le sommeil éternel où devait bientôt le plonger une mort héroïque.

L'Empereur se porta en avant, vers les montagnes, pour reconnaître le terrain. En revenant, il mit pied à terre, et s'assit sur un escabeau près d'un feu qui flambait sous un arbre.

On m'a raconté qu'au moment où l'Empereur se chauffait, un de nos chevau-légers s'efforçait de passer par le cortége impérial pour allumer sa pipe: comme les officiers l'en empêchaient, l'Empereur s'en aperçut et dit : « Laissez le faire. » Le chevau-léger prit du feu et se préparait à se retirer, quand les officiers l'invitèrent à remercier Sa Majesté ; mais le soldat, qui voyait bien que nous n'étions pas postés sous les montagnes, à deux pas des Espagnols, pour rien, indiqua du doigt la Sierra et se contenta de répondre : « A quoi bon le remercier » ici ? C'est là que je le remercierai ! »

Pour ceux qui, comme nous, ont bien connu le caractère de Napoléon, la soudaineté de ses décisions, tout ce qu'il accordait à l'imprévu, il n'y avait rien d'impossible à ce que la réponse du chevau-léger eût fait surgir dans son esprit l'idée de mettre cette valeur expansive à l'épreuve.

Quoi qu'il en soit, notre 3ᵉ escadron reçut l'ordre de monter à cheval, et vint se ranger en colonne par pelotons au pied des montagnes, sur la route, devant la tranchée que les Espagnols y avaient pratiquée, pour rendre encore plus difficiles les abords d'une position déjà jugée imprenable, et derrière laquelle le général don Benito-San-Juan campait avec ses 13,000 Espagnols. L'épaisseur du brouillard, qui ne permettait pas de voir à deux pas de soi, fut cause que nous prîmes position presque sous les batteries ennemies, qui ne manquèrent pas de nous accueillir par une volée de mitraille, mais sans blesser personne. Je ne puis m'empêcher, jeune officier que j'étais, de faire remarquer à mes camarades que si les Espagnols avaient pointé un peu plus bas, ils nous auraient écharpés : le lieutenant Rudowski, m'ayant entendu, me dit avec vivacité : « Tais-toi donc; ils peuvent t'entendre et » diriger leurs coups d'après ta voix. » Sans doute il ne pressentait pas que, dans quelques heures, après avoir attendu les biscaïens dans la brume, il irait les chercher, pour tomber de la mort des braves en s'emparant de ces canons qui maintenant ne faisaient que nous saluer. Après avoir reçu le salut des batteries espagnoles, notre escadron se forma en bataille sur la droite de la chaussée.

Bientôt nous fûmes rejoints par le capitaine Dziewanowski qui avait été appelé auprès du général Montbrun, commandant l'avant-garde. La première chose qu'il fit fut de demander quel était l'officier de service, car le général lui avait donné l'ordre d'envoyer un officier avec un peloton dans la montagne vers la droite, pour y prendre langue : — On s'écria de tous côtés : « C'est le tour de Nie- » golewski. » J'étais le plus jeune officier de l'escadron, et, suivant l'usage militaire, bon ou mauvais, de toujours dauber le plus jeune, on voulait que je fisse la corvée. Mais ce ne pouvait être mon tour, puisqu'il n'y avait que quelques heures que j'étais revenu de la reconnaissance ; toutefois j'ai dit au capitaine que je marcherais volontiers s'il me permettait de choisir mes hommes. Il y consentit sans peine, et je fis un choix des plus braves chevau-légers de l'escadron. On peut se faire facilement une idée du peloton que je me composai, puisque c'était l'élite de la compagnie formée des braves, comme la charge le fit bientôt voir. Je regrette qu'un demi-siècle presque entièrement écoulé ait effacé de ma mémoire les noms de la plupart de ces valeureux soldats. Je me rappelle seulement les noms des sous-officiers Sokolowski et Woyciechowski, du maréchal des logis chef de la 3e, Trawinski, des soldats Stefanowicz, Ryndeyko, Norwillo, Kasarek, Oyrzanowski et Poninski ; ce dernier était né dans la grande Pologne, près de Gnesen.

Je m'engageai donc dans la montagne et m'enfonçai dans des lieux sans route, au milieu de gorges où serpentaient d'étroits sentiers qu'il fallait suivre en marchant par deux et quelquefois par un. L'épaisseur du brouillard ne laissait rien distinguer à deux pas, nous entendions seulement au-dessus de nos têtes le bruit de la foule et le cliquetis des

nette, ma ceinture avec mon argent me fut enlevée, et je fus laissé sous mon cheval.

La douleur des derniers coups que j'avais reçus me rendit toute ma présence d'esprit. Entouré d'Espagnols et craignant la mort dans les tortures, sort général de leurs prisonniers, je n'osais pas même respirer; peu de temps après, j'entendis grandir le bruit des tambours et les cris de *Vive l'Empereur!* et je vis déboucher les chasseurs à cheval de la garde.

Ici, je dois faire une rectification à votre récit, et vous dire que le reste de notre régiment n'avait pas immédiatement suivi ce 3e escadron qui venait de s'ensevelir dans sa victoire. S'il en eût été autrement, je n'aurais pas eu le temps de combattre avec Sokolowski et ensuite seul, les Espagnols n'auraient pas eu le temps de revenir à moi, de me percer de leurs balles et de leurs baïonnettes, de me dépouiller. Il est donc évident que les autres escadrons de notre régiment ne furent lancés qu'après la prise du défilé; cette observation me paraît nécessaire: il importe ici de ne pas attribuer à plusieurs escadrons l'œuvre d'un seul, car alors le coup d'éclat exécuté par une poignée de braves, descendrait aux proportions d'un devoir militaire convenablement exécuté par un nombre suffisant d'hommes. Hors vos *Mémoires,* les diverses histoires de ce combat s'accordent à dire que le défilé fut emporté par plusieurs escadrons, et M. Thiers a même osé accuser notre escadron qu'il appelle le 1er, de s'être retiré sans en avoir reçu l'ordre, c'est-à-dire, d'avoir été mis en déroute, ce qui est synonyme de fuir.

Vous dites, à la vérité, que le 3e escadron a pris le ravin, mais vous ajoutez : que les autres escadrons suivaient immédiatement le 3e, de sorte que votre récit peut affermir une erreur trop généralement répandue.

Loin de moi la pensée de douter de la valeur des autres escadrons : je suis au contraire convaincu que tout autre escadron eût montré la même valeur que le nôtre. Mais une preuve palpable de ce que j'avance, c'est que les détachements qui traversèrent le défilé après nous, n'y laissèrent aucun mort, n'y eurent aucun blessé. J'ai défié M. Thiers de me prouver le contraire.

On ma raconté plus tard que Jerzolkowski, soldat du 1er escadron, poursuivant les Espagnols, rencontra les fourgons de la caisse ennemie, et considérant ses pistolets comme déjà superflus, il les jeta et remplit ses fontes d'onces espagnols pour lesquels il s'acheta, de retour en Pologne, une propriété.

Puisque les escadrons qui nous ont suivis, ainsi que les autres troupes, n'avaient plus qu'à poursuivre l'ennemi en déroute, il n'y avait plus de combat dans le défilé.

J'appelle ici votre attention sur l'instant où je fus percé de coups. Admettant je ne sais quel temps d'arrêt pendant notre charge, et affirmant que les autres escadrons suivaient immédiatement le nôtre, vous ne pouvez vous expliquer quand je pus être blessé à coups de baïonnettes ; et vous faites arriver cet accident au moment où notre escadron hésita et s'arrêta dans son attaque ; or, je ne reçus ces coups qu'à la fin de la charge, au moment de la prise de la dernière batterie. Tout cela, il est vrai, fut l'affaire de quelques instants ; mais jamais on ne peut supposer que les autres escadrons, et moins encore les troupes suivantes, aient eu la moindre part à la prise du défilé.

Retournons au champ de bataille.

IV.

Voyant venir les nôtres et les chasseurs, je voulus lever la tête, mais je n'y pus parvenir. Comme j'avais la respiration libre, je me pris à espérer que mon heure n'avait pas encore sonné. Je me mis donc à appeler, et sachant qu'on accorde plus d'attention à un capitaine qu'à un lieutenant, je criai que j'étais capitaine, priant qu'on me retirât de dessous mon cheval. Ni les chevau-légers, ni les chasseurs n'entendirent ma voix trop affaiblie. Immédiatement arrivèrent les voltigeurs français aux cris de : « Allons, cela ira bien, camarade ! » Ceux-ci seulement me délivrèrent de mon cheval et, sur ma prière, me portèrent sous les pièces de la 4e batterie et me couvrirent de manteaux. Deux médecins pansèrent mes blessures, mais, après leur départ, le sang se remit à couler. Quelques soldats qui avaient perdu leurs chevaux, s'assemblèrent autour de moi. Tout-à-coup arriva le maréchal Bessières, qui me connaissait personnellement depuis le camp de Sainte-Marie. « Qui est couché là? » demanda-t-il aux soldats. Ceux-ci répondirent : « C'est le lieutenant Niegolewski. » Le maréchal mit pied à terre, s'approcha de moi et me dit : « Jeune homme, l'Em-» pereur a vu la belle charge des chevau-légers; il » saura apprécier votre bravoure! » Je lui répondis en montrant les canons près desquels j'étais étendu: « Monseigneur, je me meurs; voilà les canons que » j'ai enlevés, dites cela à l'Empereur! »

Quelques moments plus tard arriva l'Empereur, qui m'accorda sur-le-champ la croix de la Légion d'honneur. Entre les officiers j'étais le premier, quoique le plus jeune, qui obtenais cette distinction et, en outre, c'était le jour de ma fête. Ce jour-là fut le premier où je ne reçus point de présent de mon père; mais au lieu de ce témoignage de la tendresse paternelle, je reçus des mains du grand Empereur la récompense du sang versé pour la patrie. Puissent beaucoup de jeunes gens avoir un pareil jour de fête!

Le second pansement ne put arrêter le sang coulant des blessures de ma tête, et je retombai en défaillance : alors arriva près de moi Villeneuve, lieutenant des grenadiers de la garde, avec qui je m'étais lié d'amitié à Marrac, près de Bayonne; il me versa dans la bouche quelques gouttes de rhum en me disant : « Pauvre diable, te voilà f....; tu ne feras plus tes farces! » J'entendis ces paroles, mais je n'eus pas la force d'y répondre.

Singulier jeu de la destinée! Villeneuve me croyait déjà mort; je vis encore, tandis que lui est mort le même jour, frappé d'une balle partie des rangs des fuyards espagnols!

Comment mon crâne ne fut pas fracassé, comment les baïonnettes plongées dans mon corps n'en chassèrent pas la vie, c'est ce que je ne conçois pas; je n'ai cependant pas été baigné dans le Styx.

Quelques instants après le départ de Villeneuve, arriva la voiture de mon colonel Vincent Krasinski, et je fus mené à Buytrago où je trouvai déjà Dziewanowski qui y avait été transporté par l'ambulance de la garde.

Il n'y eut pas d'autres officiers présents à la charge que ceux que j'ai mentionnés plus haut. Je persiste dans ce que j'ai écrit à M. Thiers à ce sujet, et, ici, il faut que je rectifie la mention que vous faites de Szeptycki et de Zielonka : ce dernier assistait à la charge, mais il n'était pas encore officier. Quant à Szeptycki, il était bien lieutenant dans notre escadron, mais il se trouvait, pendant la charge, de service auprès du maréchal Bessières.

Beaucoup d'officiers français ont prétendu avoir pris part à la charge : je ne saurais les nommer; M. Philippe de Ségur, l'historien de la *campagne de* **1812**, s'y serait trouvé.

Quant aux noms des braves qui ont alors combattu, le demi-siècle écoulé depuis n'a laissé dans ma mémoire que les noms du chef d'escadron Kozietulski, des capitaines Ignace Dziewanowski et Pierre Krasinski, des lieutenants Étienne Krzyzanowski, Rudowski et Rowicki; des sous-officiers Wasilewski et Sokolowski, des soldats Ryndeyko, Stefanowicz, Norwillo, Kasarek, Poninski, ainsi que du maréchal des logis en chef Trawinski.

Afin de faire apprécier davantage le mérite de cet escadron, je crois nécessaire de vous faire son histoire, pour prouver que ce n'étaient pas des soldats aguerris, mais des jeunes gens qui, pour la première fois, recevaient le baptême du feu.

V.

Notre escadron, formé à Varsovie, prit le chemin de la France sous le commandement du capitaine Dziewanowski. Pendant notre marche, l'esprit militaire n'y dominait pas beaucoup. Les officiers traitaient les soldats de *Messieurs,* car notre escadron se composait en majeure partie d'hommes d'une éducation distinguée, et presque tous étaient nobles; ce ne fut qu'à Mayence que le titre de *Monsieur* fut aboli, voici comment :

Dans cette ville, le capitaine Dziewanowski m'ordonna d'aller à la caserne, de faire monter l'escadron à cheval et de le mener hors de la ville où il devait me rejoindre avec les autres officiers. J'allai donc exécuter cet ordre, et je fis sonner à cheval. Tout l'escadron avait déjà obéi, sauf quelques chevau-légers parmi lesquels Nidermayer et Zorobabel : je les interpellai vivement sans faire précéder leur nom du *Monsieur*, ce dont ils se montrèrent fort irrités ; Nidermayer surtout poussa si loin ses murmures que je lui ordonnai de mettre pied à terre et de marcher devant les trompettes. Arrivés à l'endroit indiqué, nous fûmes rejoints par le capitaine et les autres officiers ; je fis mon rapport au chef qui approuva ma conduite. Ensuite, nous nous mîmes en route en suivant la chaussée des bords du Rhin, et Nidermayer continuait à murmurer et menaçait de sauter dans le Rhin ; je lui répondis qu'il en était bien le maître. Il n'en faisait rien encore et répétait : « Mè l'ordonnez-vous, mon lieu-» tenant, me l'ordonnez-vous ? » avec une telle insistance que je finis par lui dire : « Fais comme tu » veux, je ne te prendrai pas au collet pour t'en » empêcher. » A peine avais-je prononcé ces paroles, que mon homme se précipita dans la rivière. J'eus pitié de lui, et, sachant parfaitement nager, je me jetai dans le Rhin après lui, et je le ramenai sain et sauf sur le rivage. Dès lors, dans le langage des officiers aux soldats le *monsieur* fut remplacé par *toi*.

A notre arrivée en France, nous fûmes dirigés sur Chantilly, où nos chevaux furent logés dans les écuries du prince de Condé transformées en caserne ; après quelque séjour, nous fûmes envoyés à Bayonne, où devait arriver l'Empereur. Aussitôt son arrivée, il acheta la villa de Marrac dont il fit embellir les jardins; c'est dans cet endroit qu'il établit son quartier-général, où nous arrivâmes pour faire le service près de sa personne. Notre escadron campait à un quart de lieue de l'habitation impériale, dans un jardin, et chaque jour un de nos pelotons faisait le service près de l'Empereur. Dès les premiers jours, l'Empereur fait donner l'ordre à cet escadron de monter à cheval pour le passer en revue.

Nous nous rangeâmes en bataille dans le jardin, et bientôt Sa Majesté arriva en uniforme des grenadiers à pied, accompagné de plusieurs généraux parmi lesquels se trouvait son écuyer le général Durosnel. Le major Delaître, qui nous commandait, ayant été invité à montrer notre savoir-faire à l'Empereur, nous fit exécuter je ne sais quelle conversion. Comme nous connaissions fort peu la théorie, que nous n'avions pas eu le temps d'apprendre, et que d'ailleurs le commandant avait la voix très faible, soit ignorance, soit faute d'avoir bien entendu, nous brouillâmes nos rangs, l'un tirant à droite, l'autre à gauche. L'Empereur fit la moue, mais sans montrer de colère, et dit : « Ces » jeunes gens ne savent rien ! » Ensuite il appela le général Durosnel et dit : « Durosnel, je vous donne » ces jeunes gens ; apprenez-leur la manœuvre, » mais il faut commencer par l'école du cavalier. » Durosnel se prit bientôt pour nous d'une vive affection et s'acquitta de sa tâche avec toute la ponctualité, non pas d'un général, mais d'un instructeur; il prenait à partie chaque officier, et après des chevau-légers pour leur apprendre à seller leurs chevaux et leur enseigner le nom français de chaque partie du harnachement.

Je me rappelle avec satisfaction d'avoir, quelques semaines après, fourni à l'Empereur l'occasion d'avoir de nous une meilleure opinion. Voici comment : — Il y avait à peine quelques jours que Ferdinand VII se trouvait à Bayonne, quand un incendie éclata pendant la nuit dans la ville, dans deux endroits différents. Le bruit se répandit que le feu avait été mis exprès par les Espagnols, et que ce sinistre était le signal dont ils étaient convenus pour se ruer sur Bayonne, surprendre et tuer l'Empereur à Marrac et ramener Ferdinand en Espagne. Cette même nuit, j'étais justement de service au château et logé avec mon peloton dans une auberge qui y faisait face. Je reçus l'ordre de me porter tout de suite avec mes soldats devant le palais, ce que je m'empressai de faire sur-le-champ, laissant là mon trompette que je n'avais pu parvenir à réveiller. L'Empereur parut sur le perron, et, voyant mon peloton déjà en bataille et le sabre en main, il cria aux grenadiers et aux chasseurs de la garde, sortant de leurs tentes construites sur la pelouse (1) : « Allons, vieilles » moustaches, vous êtes encore sous vos tentes, » tandis que ces jeunes gens, qui n'ont pas encore

(1) Il n'y avait encore qu'une demi-compagnie de grenadiers et une demi-compagnie de chasseurs à pied de la garde rendus à Bayonne.

» de poil au menton, sont déjà à cheval ! » Puis, s'approchant de moi :

— « Avez-vous des cartouches ? me demanda-t-il.

— » Non, Sire.

— » Avec quoi me défendrez-vous donc, si je suis attaqué ?

— » Nous avons nos sabres, Sire.

— » C'est bien. »

(Qu'avions-nous besoin de cartouches, les pierres de nos mousquetons étaient en bois.)

Puis, se rappelant sans doute notre maladresse, et voulant se convaincre par lui-même de l'état présent de notre instruction, il se plaça à deux pas devant moi, devant mon peloton, et me dit : « Faites ouvrir les rangs ! »

L'Empereur ainsi placé devant le poitrail des chevaux du premier rang, je courais le risque de le renverser. Cependant, je ne perds pas la tête et je commande : « En arrière ! Ouvrez vos rangs ! » Marche ! »

Alors, il passa entre les files, les fit fermer et rentra au château. La demi-compagnie de grenadiers et de chasseurs et nous, passâmes plus d'une heure devant le palais, et ce n'est que lorsqu'on fut certain que l'incendie était un simple accident, que nous fûmes renvoyés à nos postes respectifs. Une heure après, le service de Sa Majesté m'apporta plusieurs paniers de vin et diverses provisions de bouche avec ces mots : « L'Empereur vous envoie » de quoi vous rafraîchir. » Il y en avait tant que j'invitai Dziewanowski et les autres camarades à venir prendre part aux rafraîchissements que l'Empereur m'avait envoyés.

Le service que nous remplissions près de Marrac nous donna l'occasion de connaître l'Empereur et nous a laissé de profonds souvenirs. Non-seulement nous vîmes passer sous nos yeux les plus graves événements, mais nous pûmes voir l'Empereur dans ses moments de loisir et d'abandon. Plus d'une fois, je vis le maître du monde se livrer à des transports de gaieté juvénile. C'est ainsi qu'il poussa une fois l'impératrice dans une petite crique, au bord de l'Océan, appelée la *Chambre d'amour*. Un peloton de l'escadron suivait toujours l'Empereur dans ses promenades, l'impératrice Joséphine l'accompagnait quand il sortait en calèche. Il prit les souliers que Joséphine avait perdus en sortant et les jeta au loin ; je voulus les rapporter, mais l'Empereur m'en empêcha et la fit monter déchaussée dans la calèche.

Une autre fois, en visitant avec l'impératrice le fort du Château-Vieux, il passa par une haie où l'impératrice, voulant le suivre, accrocha aux ronces la légère étoffe de sa robe. Je me précipitai pour dégager Sa Majesté, mais je ne fis qu'embarrasser davantage la robe dans les épines et je la mis en pièces. Leurs Majestés rirent beaucoup de ma maladresse et de ma confusion.

VI.

C'est de Marrac que nous allâmes en Espagne pour y recevoir le baptême du feu. Pendant notre marche sur Somo-Sierra nous pûmes nous convaincre que nous aurions à combattre, non pas une armée, mais tout un pays transformé en camp. Sur beaucoup d'arbres vacillaient des cadavres de Français, d'Espagnols : terribles témoignages d'une haine atroce et mutuelle.

Une fois, je fus envoyé du camp de Santa-Maria pour fourrager à la tête de plusieurs centaines d'hommes. Quelques soldats seulement avaient des sabres et des pistolets; les autres n'étaient munis que de sacs et de cordes. A quelque distance nous arrivâmes à un champ couvert d'avoine fauchée; j'y désignais une partie de mon monde pour la ramasser; sur quoi survint un Espagnol qui m'engagea à le suivre au village voisin où se trouvait de l'avoine en grains, que les habitants me donneraient contre un reçu. Ne soupçonnant pas de ruse, je laissai les soldats qui étaient occupés, et avec les autres je suivis mon nouveau guide. L'Espagnol me conduisit à un grand village où je n'étais pas encore entré que le son de toutes les cloches, tant de ce village que des environs, rassembla autour de nous plusieurs centaines d'hommes diversement armés. Je dus me retirer promptement; et, poursuivi par eux, je ne m'arrêtai qu'au delà d'une montagne où les routes se croisaient.

Là, je comptai les soldats qui avaient des armes ; ils étaient trente, mais je fus bientôt rejoint par le reste de mes hommes accourus au bruit des coups de fusil ; nous tournâmes les assaillants, et non-seulement nous n'essuyâmes aucune perte, mais nous ramenâmes soixante prisonniers et beaucoup d'armes à feu. Pendant notre retour, un berger, caché derrière un buisson, me tira un coup de fusil à bout portant et prit la fuite en abandonnant son troupeau de moutons, dont nous nous emparâmes dans l'intention de le chasser jusqu'au camp. Heureusement je rencontrai le capitaine Brocki qui me conseilla de laisser là ces moutons, me disant que l'ordre ayant été donné de ne rien prendre aux Espagnols, je pouvais être sévèrement puni et même dégradé pour l'avoir enfreint, et que sans doute les Espagnols ne manqueraient pas de m'accuser de les avoir pillés.

Le capitaine ne se trompait pas. Les Espagnols dirent au maréchal Bessières, que je leur avais ravi leurs moutons. Il ne me fut pas difficile de me justifier, et je représentai avec vivacité au maréchal le guet-apens dont moi et mes soldats avions failli devenir victimes et la mansuétude dont j'avais usé envers eux lorsque je pouvais les sabrer jusqu'au dernier. Il faut dire, qu'à mon insu, mes soldats affamés égorgèrent une douzaine de ces moutons et les suspendirent aux arbres pour les dérober aux regards en cas de visite. En effet, quand le maréchal procéda à l'inspection du camp, et chercha les moutons à terre et non dans les branches, ne trouva rien. Plus tard, ayant appris cette ruse, il en rit beaucoup, et m'en croyant l'auteur, il me fit appeler et dit au colonel d'Autancourt (1), major dans notre régiment : « Ce » jeune officier est un fin merle : Imaginez-vous, » quand je cherchais des moutons qu'il avait amenés » dans le camp, je n'ai rien trouvé, tandis que les » moutons étaient pendus aux arbres. »

Ce fut la première rencontre entre mon escadron et l'ennemi ; car le 1er et le 2e escadron avaient déjà combattu à Riosecco, où, en juillet, le maréchal Bessières battit les généraux don Joaquin Blake et don Gregorio de la Cuesta.

Mon escarmouche avec les Espagnols dénote le caractère de cette guerre. Elle témoigne de l'ardeur qui animait toutes les classes du peuple espagnol, et de la haine qu'elles avaient vouée aux envahisseurs.

Cette guerre reste comme exemple à tous les peuples courbés sous un joug étranger, et leur prouve qu'une nation parvient toujours à briser ses chaînes quand chacun de ses citoyens devient soldat et jure haine aux oppresseurs.

Tout ce que j'ai dit dans le cours de mon récit

(1) Le général baron d'Autancourt passa du régiment des gendarmes d'élite dans le régiment des chevau-légers polonais de la garde impériale à Varsovie, en 1807, comme colonel major. Ce militaire distingué, plein de courage et d'énergie jointe à la douceur et à l'aménité, savait se faire aimer, respecter et obéir. C'est à lui que le régiment doit sa belle tenue et l'ordre qui y régna toujours. Le colonel d'Autancourt gagna tous les cœurs dans le régiment, qui le surnomma le papa du régiment,

sur notre 3e escadron en fait assez connaître son historique jusqu'à Somo-Sierra. On a vu qu'avant cette affaire il n'était nullement imbu de l'esprit militaire, qu'il n'avait jamais été au feu et ne connaissait que très imparfaitement les manœuvres. Si pourtant à Somo-Sierra son coup d'essai fut un coup de maître, c'est qu'en faisant le service auprès de l'Empereur, dont le génie savait si bien saisir toutes les occasions de s'attacher le soldat, nous crûmes pouvoir placer en lui toutes nos espérances et ne doutâmes pas qu'il n'exauçât le plus ardent de nos vœux : l'affranchissement de notre patrie. Il est incontestable que c'est cet espoir de tous les moments, non moins que l'influence magique de la puissance de l'Empereur pendant l'action, qui nous fit accomplir ce fait d'armes inouï. C'est à ces influences que le 3e escadron, qui n'avait jamais appris le métier des armes, qui, quelques mois auparavant, n'en connaissait même pas les premiers éléments, dont les armes, vierges encore à Marrac, n'avaient jamais été noircies de poudre, ornées qu'elles étaient d'inoffensives pierres de bois, doit d'avoir exécuté cette charge à jamais mémorable dans les fastes militaires, qui n'a son pendant nulle part, qui a valu aux Polonais une palme devant laquelle tous, amis et ennemis, s'inclinent ; et dans toutes les écoles militaires vous entendez dire : « Il n'y a pas d'obstacle qu'une bonne cavalerie ne » puisse surmonter ; la preuve, c'est la charge des » Polonais à Somo-Sierra. »

Il n'y avait que nous, il n'y avait que des Polonais qui fussent capables de ce sublime effort; seuls aujourd'hui, nous la comprenons, nous, que l'amour de la patrie a poussés non-seulement dans les gorges des Sierras, mais encore dans les déserts du Nouveau-Monde; car nous regardions Napoléon comme le messager céleste qui nous apportait la délivrance; nous étions convaincus qu'en le suivant, nous punirions nos ennemis du crime qu'ils avaient commis sur nous, et que nous donnerions une preuve de notre puissante vitalité au monde entier qui était resté témoin passif de l'assassinat de toute une nation. Oh ! combien notre ardeur devait être plus vive lorsqu'en s'élançant à la charge sous les yeux de l'Empereur, chacun de nous savait qu'il ne combattait pas seulement pour sa propre gloire, pour la gloire de l'escadron et pour celle du régiment, mais encore pour l'honneur et la délivrance de la Pologne, dont l'aigle blanche avait fait alliance avec l'aigle impériale.

C'est cet amour de la patrie qui caractérise notre nation ; c'est lui qui, donnant à notre charge l'impétuosité de la foudre, nous fit emporter le défilé en un clin d'œil, sous une grêle de mitraille et de balles. C'est lui qui nous guidait; c'est, inspirés par lui que nous étions prêts à accomplir des prodiges de valeur pour convaincre l'Empereur qu'un peuple, dont les enfants sont ainsi valeureux, est digne d'être une nation.

Notre charge, outre qu'elle frappa l'Empereur

dignement soutenu la gloire de son pays dans ce terrible combat où il n'est tombé qu'après avoir beaucoup contribué à la victoire.

Pendant toute la nuit qui suivit le combat, et pendant la journée du 1er décembre, on ne cessa d'apporter des blessés à Buytrago. Dans l'après-midi, on nous évacua sur un village voisin où nous fûmes placés dans les maisons abandonnées. Il me serait difficile de décrire la position déplorable dans laquelle nous nous trouvions; si quelques habitants étaient restés dans le village, plus d'un peut-être, ému de pitié, aurait soulagé par un verre d'eau notre soif fiévreuse; mais il n'y avait là que les gens du service d'ambulance, tous ivres de vin qu'ils avaient pillé, oubliant les soins qu'ils devaient aux blessés. Dziewanowski et moi fûmes assez heureux d'avoir été déposés sur un même matelas. Dziewanowski avait l'épaule gauche fracassée, et on lui avait amputé la jambe droite sur le champ de bataille. Il était très faible et souffrait beaucoup. Pendant la nuit on plaça dans notre chambre un *brassero,* ou grand réchaud de métal, rempli de charbon préalablement calciné en plein air : mais nos infirmiers négligèrent cette dernière précaution, et si un médecin qui venait heureusement d'entrer n'avait fait jeter le *brassero* dehors, nous passions tous des mains des médecins dans celles des fossoyeurs. Le lendemain, le 2, nous fûmes transférés à Chamartin, où était le quartier général de l'Empereur, et où nous trouvâmes prêts à nous recevoir de vastes bâtiments transformés en hôpitaux. Là, je fus reconnu par quelques gens du service de l'Empereur qui m'avaient vu à Marrac, et qui m'offrirent leurs bons offices; ayant appris que nous étions affamés, ils nous apportèrent du vin et quelques provisions de bouche.

Quelque temps après notre arrivée dans cet hôpital, nous vîmes le maréchal Duroc suivi d'un page qui portait un plateau plein de napoléons. Le maréchal nous dit que l'Empereur, prévoyant nos besoins, nous envoyait à chacun un secours pécuniaire. Chaque officier devait recevoir 8 ou 10 napoléons, chaque soldat ou sous-officier 3. Nous hésitâmes d'abord, et surtout Dziewanowski, à accepter; nous demandâmes ce que signifiait cette offre d'argent? le maréchal nous dit que ce n'était là qu'une preuve du souvenir que notre charge avait gravé dans le cœur de l'Empereur, et qu'il nous envoyait pour suffire à nos premiers besoins dans ce pays ennemi.

Enfin, le 3 décembre, on nous transporta à Madrid, dans un couvent de Sainte-Marie d'Attocha, où nous trouvâmes un hôpital bien monté, et où nous fûmes confiés aux soins de l'illustre chirurgien en chef Larrey, que Napoléon a qualifié dans son testament *comme l'homme le plus vertueux qu'il eût connu*. Là, je fus couché à côté de Dziewanowski, dont l'état était encore plus dangereux que le mien. Le jour même de notre arrivée à Madrid, Larrey lui-même nous pansa et renvoya au lendemain l'amputation du bras gauche de Dziewanowski, frappé à l'épaule; quant à moi, il me fit raser la tête, sonda les trous que m'avaient faits les baïonnettes, et se retira en recommandant de né me donner qu'un bouillon le matin et un le soir. C'était là une diète très salutaire, sans doute, mais dont mon estomac sain n'était pas satisfait. Pendant toute cette nuit, Dziewanowski souffrit extrêmement, et moi, j'avais la douleur de ne pouvoir lui être utile. Je m'efforçais cependant de me pencher vers lui, et cette même nuit je reçus son dernier soupir. La mort de cet ami, de ce second père, de cet officier distingué qui m'avait guidé avec tant d'affection dans le rude métier de la guerre, me frappa profondément. Il mourut comme il avait vécu, en héros, avec le nom de la Pologne sur les lèvres, et avec l'espoir qu'elle devait bientôt renaître. Hélas ! les espérances du brave mourant ne se sont pas réalisées !

Nous avons rougi de notre sang toutes les parties du monde, sans avoir pu affranchir notre patrie. Qui cependant pouvait nous faire un crime de ce que nous avons combattu partout et toujours, dans l'espoir que le choc entre le vieux monde et le monde nouveau rendrait manifeste la sainteté de notre cause et anéantirait les principes qui avaient toléré l'assassinat de toute une nation ? Nous combattions sous l'aigle impériale non-seulement les nations qui s'étaient enrichies de nos dépouilles, mais encore celles qui avaient été les témoins passifs de ce crime, dans la conviction que le grand Empereur rétablirait la Pologne, sans laquelle un nouvel ordre social ne peut avoir ni durée ni développement.

La mort de Dziewanowski me plongea dans une tristesse qui agissait sur mon moral et empira l'état de ma santé, surtout après avoir vu commettre à un chirurgien une erreur qui faillit coûter à un malade sa jambe saine, mais couverte de sang caillé, et qu'on voulait lui amputer au lieu de celle qui était fracturée. Larrey ayant annoncé qu'il allait faire une opération à ma tête le lendemain, je quittai l'hôpital, et je me traînai jusqu'à Madrid, où heureusement je rencontrai le capitaine de grenadiers Laplace, que j'avais connu à Bayonne, et qui était maintenant aide de camp du gouverneur de Madrid. Je lui dépeignis ma position, et il me fit loger chez la marquise de Villa-Franca. C'est dans cette maison hospitalière, qu'entouré des soins les plus assidus, je fus complétement guéri, sans avoir essuyé aucune opération.

Ce n'est pas Larrey qui compléta ma guérison; néanmoins, je lui dois beaucoup de reconnaissance, parce que plus tard, je retombai encore entre ses mains. C'était en l'année 1813; l'Empereur lui-même me confia la très importante mission d'aller à Leipzig, porter l'ordre au roi de Naples de concentrer toutes ses forces pour empêcher la jonction des corps de Bernadotte et de Blücher avec le gros de l'armée de Schwarzenberg. L'Empereur tenait tant à la prompte exécution de cet ordre, qu'il me dit: « Dépêchez-vous, crevez votre cheval, je vous en » donnerai deux de mon écurie. » Arrivé à Leipzig, mon cheval tomba. Le roi de Naples n'y était pas; il se trouvait aux avant-postes.

Un cheval sellé et bridé, tenu par un piqueur, se trouvait devant le perron du palais; je m'élançai dessus en disant : de par l'Empereur. J'arrivai près du roi et lui remis le billet de l'Empereur. Le roi, étonné de la rapidité de ma course (j'avais mis deux heures et demie pour arriver de Duben à Leipzig), me dit que Bernadotte et Blücher avaient fait leur jonction avec Schwarzenberg depuis midi, et m'ordonna de retourner tout de suite pour en informer l'Empereur. « Sire, mon cheval est mort. » Le roi me fit donner un de ses chevaux. Croyant le cheval au moins aussi bon que le mien, je le mis au galop; mais, arrivé à Leipzig, le cheval royal s'abattit, et moi, en tombant sur une borne, je me démis la clavicule et me fis deux trous à la tête. Je fus ramené au quartier général où Larrey pansa mes blessures, puis l'on me transporta à Leipzig.

Lors de ma convalescence à Madrid, me promenant un jour dans les rues, je rencontrai un officier de mon régiment monté sur mon cheval bai. Ne pouvant encore lever la tête, je ne pouvais reconnaître le cavalier.

— Arrêtez, m'écriai-je, c'est mon cheval!

— Comment, répondit le cavalier, c'est le cheval e Niegolewski.

— Mais je suis Niegolewski.

— Allons donc, Niegolewski est mort.

Et ce n'est qu'après que je me fus rapproché que nous nous reconnûmes. C'était Ambroise Skarzynski, alors lieutenant au 1er escadron de notre régiment et plus tard général. Il fut très réjoui de me voir vivant et de pouvoir me rendre mon cheval.

Quelques jours plus tard, je rencontrai le colonel Wierzbinski à Madrid, dont j'appris que notre régiment avait suivi l'Empereur à Bonaventa par Guadarama, pour poursuivre les Anglais, mais qu'à Caramanchel se trouvait mon chef d'escadron Kozietulski, avec les malades de notre régiment.

Complétement guéri, je pris congé de la marquise Villa-Franca et me dirigeai sur Caramanchel, suivi de mon domestique Paul qui, après la mort de son maître Krzyzanowski, avait passé à mon service. Je montais un cheval qui avait aussi appartenu à Krzyzanowski, et qui s'appelait le *Chapelier*, pour avoir été acheté d'un chapelier de Posen.

Sur la route à Caramanchel il m'arriva un singulier accident. Comme mon domestique s'arrêtait à chaque instant, je lui criai : Pourquoi n'avances-tu pas? Il me répondit tout effrayé : Mon lieutenant, ne voyez-vous pas mon maître qui chevauche à côté de vous? Malgré mes efforts, je ne pus calmer les angoisses de mon pauvre valet; lui ayant remis mon cheval à Caramanchel, il ne put le tenir, tant sa main tremblait de peur. Le cheval prit le galop, c'est ce qui confirma Paul dans la conviction que lui et son cheval avaient vu son maître mort revenu.

A Caramanchel, je trouvai mon chef d'escadron Kozietulski, le capitaine Trzcinski et Pierre Krasinski, le lieutenant Jordan et beaucoup d'autres officiers dont j'ai oublié les noms.

A la fin de février, nous nous mîmes en marche vers la France, afin de rejoindre notre régiment sur le Danube (en 1809). Je regrette que nous n'ayons pas pris notre route par la Somo-Sierra; j'aurais alors pu examiner de sang-froid ce terrible ravin que je n'avais fait qu'entrevoir dans le feu de la charge; j'aurais pu le décrire maintenant avec plus de détails.

A notre grand regret, nous ne rejoignîmes l'armée qu'après la bataille de Wagram, où notre régiment, avec les chasseurs à cheval de la garde, se couvrit de gloire, enleva 45 canons, détruisit quatre régiments de cavalerie et fit prisonnier un prince d'Auersberg.

Je termine ce récit en mentionnant qu'à Wagram, Wasilewski montait le même cheval qui avait eu trois dents brisées d'un projectile à la Somo-Sierra.

VIII.

J'espère, mon cher général, que vous ne me taxerez pas de parcimonie à vous donner les renseignements que vous m'avez demandés. M'étant reporté au passé, il m'a été impossible d'arrêter ma plume; les souvenirs m'arrivent en foule, et tous si profonds et si chers, qu'il m'a été impossible de ne pas les suivre. Tous ces vieux souvenirs ne me paraissent aujourd'hui que comme un rêve.

Quelle plume saura décrire cette charge foudroyante, qui, d'un seul élan et sous un ouragan de fer, enleva les batteries et le défilé! Quelle plume dépeindra ce ravin changé, non pas en un fort, mais en une machine infernale! A vous, mon général, reviendra la gloire de retracer ce grand fait, à vous qui avez manié l'épée avant la plume, et qui fûtes témoin oculaire de la journée du 30 novembre 1808. Seule, une plume polonaise pourra décrire cet exploit; car seule, une âme polonaise pourra comprendre les sentiments qui nous enflammaient et qui donnèrent une victoire presque impossible.

Les historiens étrangers mutileront la vérité pour arriver à la vraisemblance, et, comme M. Thiers, parleront *d'hésitation et de nombreux escadrons*, là où il n'y eut qu'un escadron et qu'une minute.

Quant à la mention que vous me faites des tableaux représentant cette charge, je ne connais pas celui de Lejeune. Je suis d'accord avec vous pour dire que Vernet n'est pas fidèle à la vérité historique, en représentant après la bataille un groupe composé de Krasinski, de d'Autancourt, de Kozietulski et d'un officier du 3e escadron. Des trois premiers, Kozietulski seul a fait la charge, et, quant au dernier, il ne pouvait être présent à la parade après le combat, puisqu'alors tous les officiers du 3e escadron étaient morts ou dangereusement blessés. Le peintre met une aigrette rompue au schako de Kozietulski, quand, en ce jour brumeux, nous n'avions pas de plumet à nos czapka, qui étaient couverts de toile cirée.

Je possède aussi la gravure du tableau de Bellangé; ce dernier est dans le vrai; on voit les chevau-légers gravir, quatre à quatre, le ravin; les rochers voisins se recouvrent d'hommes et de chevaux tués. Au débouché du ravin, l'Empereur à cheval, et Bessières près de lui; tous deux, étonnés et l'œil fixe, contemplent la formidable charge. Derrière l'Empereur se massent les troupes françaises. Bellangé se trompe cependant en nous armant de lances que nous ne reçûmes qu'en l'an 1809, après la campagne de Wagram. A la revue de Chantilly, chacun de nos officiers reçut une théorie du maniement de la lance, et, au bout de huit jours, nos chevau-légers étaient devenus des lanciers parfaits. Sauf cette incorrection, l'artiste a bien conçu et bien rendu l'action. Les nombreux cavaliers qui tombent des rochers indiquent la violence du feu ennemi qui cependant n'arrête point l'élan de la charge. Toute l'armée française dans l'attente exprime assez l'importance de l'attaque qu'elle suit des yeux; en effet, elle ne pourra aller à Madrid, tant que nos cavaliers ne lui en auront frayé le chemin. L'Empereur est parfaitement placé; sa présence en cet endroit a influé puissamment sur notre succès.

Et maintenant, cher général, il ne me reste plus qu'à vous souhaiter de tout mon cœur une heureuse réussite dans votre travail. Il n'y a pas de plus belle mission que celle de retracer les faits glorieux qu'on a vus, dont on a été acteur dans sa jeunesse. Que Dieu vous soit en aide, et qu'il permette que votre livre, monument de nos efforts et de notre dévouement, soit un jour pour nos enfants un puissant moteur ! Il faut que nous écrivions nous-mêmes, car, vous savez que beaucoup d'historiens ont passé sous silence tout ce que nous avons fait de grand dans les campagnes de l'Empire.

C'est ainsi que le principal historien du Consulat et de l'Empire dit, en décrivant la campagne de Wagram (livre XXXV) : « Le prince Joseph Poniatowski, ce héros longtemps endormi dans la mollesse, et, à l'exemple de beaucoup de ses compatriotes, retenu inactif aux pieds des belles femmes de son pays, venait de se réveiller au bruit des armes françaises, et avait embrassé, comme on s'en souvient, la cause de la France, qu'il croyait avec raison celle de la Pologne, SI LA POLOGNE POUVAIT RENAITRE ! »

Ainsi, cet historien ose nous reprocher l'indolence et la mollesse malgré notre lutte continuelle contre nos oppresseurs, malgré tant d'héroïsme dont nous avons fait preuve sous les drapeaux français dans l'espoir que, combattant au nom d'une société nouvelle, nous anéantirions les vieux principes qui nous avaient perdus ; il veut douter de notre renaissance. Et quand le fait-il? C'est en décrivant cette campagne de 1809, dans laquelle Poniatowski, sans aucun secours de la part des Français, suivi d'une poignée de Polonais, força à la retraite de nombreux ennemis. A la tête de 9,000 hommes, non-seulement il parvint à faire évacuer le duché de Varsovie envahi, mais il conquit toute la Galicie, arrachant ainsi à un de nos spoliateurs un butin illégitime. Par ses habiles manœuvres, il empêcha les 38,000 hommes de l'archiduc Ferdinand de se joindre aux troupes de l'archiduc Charles à Wagram. Qui sait quel eût été le sort de cette bataille longtemps indécise, si la jonction de Ferdinand eût eu lieu? Sans considérer l'influence du prince Joseph sur cette campagne, sans égard pour la gloire dont les Polonais se couvrirent à Wagram même, M. Thiers a osé prononcer les paroles que j'ai citées, et regarde la valeur des Polonais comme une suite de l'éducation militaire qu'ils avaient reçue dans l'armée française.

M. Thiers veut-il justifier l'Empereur Napoléon Ier d'avoir abandonné sans secours le prince Joseph et sa petite armée? Ou bien, oublie-t-il qu'avant d'avoir fait leur éducation dans l'armée française, les Polonais savaient marcher au feu, repousser l'ennemi des frontières de leur pays; que c'est leur poitrine qui formait ce bouclier contre lequel se brisait le croissant, qui, s'il n'eût été arrêté par eux à Vienne, allait envahir l'Europe. Qu'il sache que le roi Étienne Batory, avec 40,000 Polonais vainquit, en 1581, le tzar Yvan-le-Cruel, qu'il le força de restituer à la Pologne les riches provinces de Polotsk et de Livonie; qu'en 1610, les lieutenants du roi Sigismond III, Zolkiewski, Gosiewski, Sapieha, Radziwill et d'autres, à la tête d'une poignée de braves, ont dicté des lois à Moskou; que le premier amena à Varsovie le tzar Schouisky, fait prisonnier par lui au Kremlin.

Ce n'est pas l'école française, c'est l'amour de la patrie qui a fait un héros de chaque Polonais.

Ce n'est pas là tout : avec une insultante impudence, M. Thiers attribue la présence de notre aigle au milieu des aigles impériales au désir de l'Empereur d'avoir dans sa garde des hommes de *diverses nations et de divers costumes;* et en racontant la prise de Somo-Sierra, il nous met au niveau des Mamelouks.

O mon cher camarade! que tes *Mémoires*, en rendant à notre valeur un juste hommage, rendent inutiles les efforts des ceux qui veulent, en avançant d'absurdes faussetés, voiler leur ingratitude envers nous, et changer notre glorieuse histoire en un conte futile! car M. Thiers qui, de même que son compatriote Voltaire, regarde l'histoire comme un ensemble de faits que chaque historien arrange au gré de ses vues et de ses passions politiques, M. Thiers, dis-je, nous représente comme une nation incapable d'indépendance et de liberté, pour justifier l'oubli de notre cause par l'Empereur et pour nous enlever les sympathies du peuple français.

13me BULLETIN DE L'ARMÉE D'ESPAGNE.

Saint-Martin, près Madrid, le 2 décembre 1808.

Le 29, le quartier-général de l'Empereur a été porté au village de Bozeguillas. Le 30, à la pointe du jour, le duc de Bellune s'est présenté au pied du Somo-Sierra. Une division de 13,000 hommes de l'armée de réserve espagnole défendait le passage de cette montagne. L'ennemi se croyait inexpugnable dans cette position. Il avait retranché le col que les Espagnols appellent Puerto, et y avait placé 16 pièces de canons. Le 9e d'infanterie légère couronna la droite. Le 96e marcha sur la chaussée, et le 24e suivit à mi-côte les hauteurs de gauche. Le général Senarmont, avec 6 pièces d'artillerie, avança par la chaussée.

La fusillade et la canonnade s'engagèrent. Une charge que fit le général Montbrun, à la tête des chevau-légers polonais, décida l'affaire; charge brillante s'il en fut, où ce régiment s'est couvert de gloire et a montré qu'il était digne de faire partie de la garde impériale. Canons, drapeaux, fusils, soldats, tout fut enlevé, coupé ou pris. Huit chevau-légers polonais ont été tués sur les pièces, et 16 ont été blessés. Parmi ces derniers le capitaine Dziewanowski a été si grièvement blessé, qu'il est presque sans espérance. Le major Ségur, maréchal-des-logis de la maison de l'Empereur, chargeant parmi les Polonais, a reçu plusieurs blessures, dont une assez grave. Les 16 pièces de canons, dix drapeaux, une trentaine de caissons, deux cents chariots de toute espèce de bagages, les caisses des régiments, sont les fruits de cette brillante affaire. Parmi les prisonniers, qui sont très nombreux, se trouvent tous les colonels et les lieutenants-colonels des corps de la division espagnole. Tous les soldats auraient été pris, s'ils n'avaient pas jeté leurs armes et ne s'étaient pas éparpillés dans les montagnes.

Le 1er décembre, le quartier-général de l'Empereur était à Saint-Augustin, et le 2, le duc d'Istrie, avec la cavalerie, est venu couronner les hauteurs de Madrid. L'infanterie ne pourra arriver que le 3. Les renseignements que l'on a pris jusqu'à cette heure portent à penser que la ville est livrée à toute espèce de désordres, et que les portes sont barricadées.

Le temps est très beau.

(*Gazette nationale* ou le *Moniteur universel*, lundi, 12 décembre 1808. N° 347.)

www.ingramcontent.com/pod-product-compliance
Ingram Content Group UK Ltd.
Pitfield, Milton Keynes, MK11 3LW, UK
UKHW020339250726
13967UKWH00005B/2008

9 782013 071734